화엄경 제40권(十定品 제27-1) 해설

다시 부처님께서 마가다국 법보리도량에 내려오셔 찰라제 제불삼매에 들어 일체지로써 신통력을 나타내니 10불세계 미진수보살들이 모두 관정지의 위치에 올라 온갖 지혜로 마군들을 항복받았다. (pp.1~10)

그때 보안보살이 부처님께 아뢰었다.

"여래의 應正等覺에 대하여 알고 싶습니다. 보현삼매에 들려면 어떻게 하여야 합니까?"

그때 보현보살이 부처님의 가피력을 입고 갖가지 구름을 일으킨 뒤 10대 삼매(普光·妙光·次第·淸淨·知過去·智光明·了知一切世界·衆生差別·無礙輪三昧)를 얻으면 누구나 十力人이 되어 일체 세계에 들어가 自在行을 할 수 있다(pp.11~39)하고 10상문(法相·智覺·無勝幢·行願·誓願·辯才·差別·示現·安立·世界門)을 설했다.

그리고 여러 가지 무진법을 설한 뒤 다시 10종 無邊心을 설한다. (pp.40~59) 그리고 해와 幻師의 비유를 들어 알기 쉽게 설명하셨다.(pp.59~77)

十(십)定(정)品(품)

第(제)二(이)十(십)七(칠)之(지)一(일)

爾(이)時(시)世(세)尊(존)在(재)摩(마)竭(갈)提(제)國(국)阿(아)

蘭(란)若(야)法(법)菩(보)提(리)場(장)中(중)始(시)成(성)正(정)覺(각)

於(어)普(보)光(광)明(명)殿(전)入(입)刹(찰)那(나)際(제)諸(제)佛(불)

三(삼)昧(매)以(이)一(일)切(체)智(지)自(자)神(신)通(통)力(력)現(현)

如(여)來(래)身(신)清(청)淨(정)無(무)礙(애)無(무)所(소)依(의)止(지)

無(무)有(유)攀(반)緣(연)住(주)奢(사)摩(마)他(타)最(최)極(극)寂(적)

사경의 공덕은 십만억 부처님께 공양한 것과 같은 공덕이 있습니다.

靜具大威德無所染著能令
정구대위덕무소염착능령

見者悉得開悟隨宜出興不
견자실득개오수의출흥불

失於時恒住一相所謂無相
실어시항주일상소위무상

與十佛刹微塵數菩薩摩訶
여십불찰미진수보살마하

薩俱靡不皆入灌頂之位具
살구미불개입관정지위구

菩薩行等于法界無量無邊
보살행등우법계무량무변

獲諸菩薩普見三昧大悲安
획제보살보견삼매대비안

사경의 공덕은 십만억 부처님께 공양한 것과 같은 공덕이 있습니다.

隱一切衆生神通自在同於
은일체중생신통자재동어

如來智慧深入演眞實義具
여래지혜심입연진실의구

一切智降伏衆魔雖入世間
일체지항복중마수입세간

心恒寂靜住於菩薩無住解
심항적정주어보살무주해

脫
탈

其名曰金剛慧菩薩無等
기명왈금강혜보살무등

慧菩薩義語慧菩薩最勝慧
혜보살의어혜보살최승혜

薩 살	菩 보	慧 혜	礙 애	大 대	薩 살	菩 보
寂 적	薩 살	菩 보	慧 혜	力 력	成 성	薩 살
靜 정	法 법	薩 살	菩 보	慧 혜	就 취	常 상
慧 혜	自 자	如 여	薩 살	菩 보	慧 혜	捨 사
菩 보	在 재	理 리	增 증	薩 살	菩 보	慧 혜
薩 살	慧 혜	慧 혜	上 상	難 난	薩 살	菩 보
虛 허	菩 보	菩 보	慧 혜	思 사	調 조	薩 살
空 공	薩 살	薩 살	菩 보	慧 혜	順 순	那 나
慧 혜	法 법	善 선	薩 살	菩 보	慧 혜	伽 가
菩 보	慧 혜	巧 교	普 보	薩 살	菩 보	慧 혜
薩 살	菩 보	慧 혜	供 공	無 무	薩 살	菩 보

사경의 공덕은 십만억 부처님께 공양한 것과 같은 공덕이 있습니다.

一(일)相(상)慧(혜)菩(보)薩(살)善(선)慧(혜)菩(보)薩(살)如(여)幻(환)
慧(혜)菩(보)薩(살)廣(광)大(대)慧(혜)菩(보)薩(살)勢(세)力(력)慧(혜)
菩(보)薩(살)世(세)間(간)慧(혜)菩(보)薩(살)佛(불)地(지)慧(혜)菩(보)
薩(살)眞(진)實(실)慧(혜)菩(보)薩(살)尊(존)勝(승)慧(혜)菩(보)薩(살)
智(지)光(광)慧(혜)菩(보)薩(살)無(무)邊(변)慧(혜)菩(보)薩(살)念(념)
莊(장)嚴(엄)菩(보)薩(살)達(달)空(공)際(제)菩(보)薩(살)性(성)莊(장)
嚴(엄)菩(보)薩(살)甚(심)深(심)境(경)菩(보)薩(살)善(선)解(해)處(처)

非處菩薩大光明菩薩常光
비처보살대광명보살상광

明菩薩了佛種菩薩心王菩
명보살료불종보살심왕보

薩一行菩薩常現神通菩薩
살일행보살상현신통보살

智慧芽菩薩功德處菩薩法
지혜아보살공덕처보살법

燈菩薩照世菩薩持世菩薩
등보살조세보살지세보살

最安隱菩薩最上菩薩無上
최안은보살최상보살무상

菩薩無比菩薩超倫菩薩無
보살무비보살초륜보살무

사경의 공덕은 십만억 부처님께 공양한 것과 같은 공덕이 있습니다.

薩 살	住 주	薩 살	莊 장	霔 주	菩 보	礙 애
內 내	願 원	慧 혜	嚴 엄	法 법	薩 살	行 행
覺 각	菩 보	雲 운	菩 보	雨 우	一 일	菩 보
慧 혜	薩 살	菩 보	薩 살	菩 보	塵 진	薩 살
菩 보	智 지	薩 살	智 지	薩 살	菩 보	光 광
薩 살	藏 장	總 총	眼 안	最 최	薩 살	明 명
住 주	菩 보	持 지	菩 보	勝 승	堅 견	焰 염
佛 불	薩 살	王 왕	薩 살	幢 당	固 고	菩 보
智 지	心 심	菩 보	法 법	菩 보	行 행	薩 살
菩 보	王 왕	薩 살	眼 안	薩 살	菩 보	月 월
薩 살	菩 보	無 무	菩 보	普 보	薩 살	光 광

陀羅尼勇健力菩薩持地力
다라니용건력보살지지력

菩薩妙月菩薩須彌頂菩薩
보살묘월보살수미정보살

寶頂菩薩普光照菩薩威德
보정보살보광조보살위덕

王菩薩智慧輪菩薩大威德
왕보살지혜륜보살대위덕

菩薩大龍相菩薩質直行菩
보살대용상보살질직행보

薩不退轉菩薩持法幢菩薩
살불퇴전보살지법당보살

無忘失菩薩攝諸趣菩薩不
무망실보살섭제취보살불

思(사)議(의)決(결)定(정)慧(혜)菩(보)薩(살)遊(유)戲(희)無(무)邊(변)
智(지)菩(보)薩(살)無(무)盡(진)妙(묘)法(법)藏(장)菩(보)薩(살)智(지)
日(일)菩(보)薩(살)法(법)日(일)菩(보)薩(살)智(지)藏(장)菩(보)薩(살)
智(지)澤(택)菩(보)薩(살)普(보)見(견)菩(보)薩(살)不(불)空(공)見(견)
菩(보)薩(살)金(금)剛(강)通(통)菩(보)薩(살)金(금)剛(강)智(지)菩(보)
薩(살)金(금)剛(강)焰(염)菩(보)薩(살)金(금)剛(강)慧(혜)菩(보)薩(살)
普(보)眼(안)菩(보)薩(살)佛(불)日(일)菩(보)薩(살)持(지)佛(불)金(금)

剛秘密義菩薩普眼境界智
강비밀의보살보안경계지

莊嚴菩薩如是等菩薩摩訶
장엄보살여시등보살마하

薩十佛刹微塵數往昔皆與
살십불찰미진수왕석개여

毘盧遮那如來同修菩薩諸
비로자나여래동수보살제

善根行
선근행

爾時普眼菩薩摩訶薩承
이시보안보살마하살승

佛神力從座而起偏袒右肩
불신력종좌이기편단우견

右우 膝슬 著착 地지 合합 掌장 白백 佛불 言언 世세 尊존
我아 於어 如여 來래 應응 正정 等등 覺각 欲욕 有유 所소
問문 願원 垂수 哀애 許허 佛불 言언 普보 眼안 恣자 汝여
所소 問문 當당 爲위 汝여 說설 令령 汝여 心심 喜희 普보
眼안 菩보 薩살 言언 世세 尊존 普보 賢현 菩보 薩살 及급
住주 普보 賢현 所소 有유 行행 願원 諸제 菩보 薩살 衆중
成성 就취 幾기 何하 三삼 昧매 解해 脫탈 而이 於어 菩보

사경의 공덕은 십만억 부처님께 공양한 것과 같은 공덕이 있습니다.

薩諸大三昧或入或出或時
살제대삼매혹입혹출혹시

安住以於菩薩不可思議廣
안주이어보살불가사의광

大三昧善入出故能於一切
대삼매선입출고능어일체

三昧自在神通變化無有休
삼매자재신통변화무유휴

息佛言善哉普眼汝爲利益
식불언선재보안여위리익

去來現在諸菩薩衆而問斯
거래현재제보살중이문사

義
의

普(보)眼(안)普(보)賢(현)菩(보)薩(살)今(금)現(현)在(재)此(차)
已(이)能(능)成(성)就(취)不(불)可(가)思(사)議(의)自(자)在(재)神(신)
通(통)出(출)過(과)一(일)切(체)諸(제)菩(보)薩(살)上(상)難(난)可(가)
値(치)遇(우)從(종)於(어)無(무)量(량)菩(보)薩(살)行(행)生(생)菩(보)
薩(살)大(대)願(원)悉(실)已(이)清(청)淨(정)所(소)行(행)之(지)行(행)
皆(개)無(무)退(퇴)轉(전)無(무)量(량)波(바)羅(라)蜜(밀)門(문)無(무)
礙(애)陀(다)羅(라)尼(니)門(문)無(무)盡(진)辯(변)才(재)門(문)皆(개)

사경의 공덕은 십만억 부처님께 공양한 것과 같은 공덕이 있습니다.

悉已得清淨無礙大悲利益 (실이득청정무애대비리익)
一切衆生以本願力盡未來 (일체중생이본원력진미래)
際而無厭倦汝應請彼彼當 (제이무염권여응청피피당)
爲汝說其三昧自在解脫 (위여설기삼매자재해탈)
爾時會中諸菩薩衆聞普 (이시회중제보살중문보)
賢名卽時獲得不可思議無 (현명즉시획득불가사의무)
量三昧其心無礙寂然不動 (량삼매기심무애적연부동)

사경의 공덕은 십만억 부처님께 공양한 것과 같은 공덕이 있습니다.

尊 존	足 족	不 불	來 래	諸 제	深 심	智 지
重 중	其 기	可 가	現 현	佛 불	無 무	慧 혜
渴 갈	諸 제	窮 궁	在 재	得 득	能 능	廣 광
仰 앙	菩 보	盡 진	靡 미	如 여	與 여	大 대
欲 욕	薩 살	一 일	不 불	來 래	等 등	難 난
見 견	於 어	切 체	明 명	力 력	現 현	可 가
悉 실	普 보	神 신	照 조	同 동	前 전	測 측
於 어	賢 현	通 통	所 소	如 여	悉 실	量 량
衆 중	所 소	皆 개	有 유	來 래	見 견	境 경
會 회	心 심	已 이	福 복	性 성	無 무	界 계
周 주	生 생	具 구	德 덕	去 거	數 수	甚 심

徧觀察而竟不覩亦不見其
변관찰이경부도역불견기

所坐之座此由如來威力所
소좌지좌차유여래위력소

持亦是普賢神通自在使其
지역시보현신통자재사기

然耳
연이

爾時普眼菩薩白佛言世
이시보안보살백불언세

尊普賢菩薩今何所在佛言
존보현보살금하소재불언

普眼普賢菩薩今現在此道
보안보현보살금현재차도

場衆會親近我住初無動移
량중회친근아주초무동이

是時普眼及諸菩薩復更觀
시시보안급제보살부갱관

察道場衆會周徧求覓白佛
찰도량중회주변구멱백불

言世尊我等今者猶未得見
언세존아등금자유미득견

普賢菩薩其身及座
보현보살기신급좌

佛言如是善男子汝等何
불언여시선남자여등하

故而不得見善男子普賢菩
고이불득견선남자보현보

사경의 공덕은 십만억 부처님께 공양한 것과 같은 공덕이 있습니다.

世 세	護 호	法 법	淨 정	奮 분	菩 보	薩 살
諸 제	念 념	界 계	無 무	迅 신	薩 살	住 주
佛 불	於 어	藏 장	礙 애	定 정	獲 획	處 처
無 무	一 일	爲 위	際 제	得 득	無 무	甚 심
差 차	念 념	身 신	生 생	無 무	邊 변	深 심
別 별	頃 경	一 일	如 여	上 상	智 지	不 불
智 지	悉 실	切 체	來 래	自 자	慧 혜	可 가
是 시	能 능	如 여	十 십	在 재	門 문	說 설
故 고	證 증	來 래	種 종	用 용	入 입	故 고
汝 여	入 입	共 공	力 력	入 입	師 사	普 보
等 등	三 삼	所 소	以 이	淸 청	子 자	賢 현

不(불)能(능)見(견)耳(이)

爾(이)時(시)普(보)眼(안)菩(보)薩(살)聞(문)如(여)來(래)說(설)

普(보)賢(현)菩(보)薩(살)清(청)淨(정)功(공)德(덕)得(득)十(십)千(천)

阿(아)僧(승)祇(기)三(삼)昧(매)以(이)三(삼)昧(매)力(력)復(부)徧(변)

觀(관)察(찰)渴(갈)仰(앙)欲(욕)見(견)普(보)賢(현)菩(보)薩(살)亦(역)

不(불)能(능)覩(도)其(기)餘(여)一(일)切(체)諸(제)菩(보)薩(살)衆(중)

俱(구)亦(역)不(불)見(견)時(시)普(보)眼(안)菩(보)薩(살)從(종)三(삼)

사경의 공덕은 십만억 부처님께 공양한 것과 같은 공덕이 있습니다.

昧起白佛言世尊我已入十
매기백불언세존아이입십

千阿僧祇三昧求見普賢而
천아승기삼매구견보현이

竟不得不見其身及身業語
경부득불견기신급신업어

及語業意及意業座及住處
급어업의급의업좌급주처

悉皆不見
실개불견

佛言如是如是善男子當
불언여시여시선남자당

知皆以普賢菩薩住不思議
지개이보현보살주불사의

解(해)脫(탈)之(지)力(력)普(보)眼(안)於(어)汝(여)意(의)云(운)何(하)
頗(파)有(유)人(인)能(능)說(설)幻(환)術(술)文(문)字(자)中(중)種(종)
種(종)幻(환)相(상)所(소)住(주)處(처)不(부)答(답)言(언)不(불)也(야)
佛(불)言(언)普(보)眼(안)幻(환)中(중)幻(환)相(상)尚(상)不(불)可(가)
說(설)何(하)況(황)普(보)賢(현)菩(보)薩(살)秘(비)密(밀)身(신)境(경)
界(계)秘(비)密(밀)語(어)境(경)界(계)秘(비)密(밀)意(의)境(경)界(계)
而(이)於(어)其(기)中(중)能(능)入(입)能(능)見(견)何(하)以(이)故(고)

普賢菩薩境界甚深不可思
보현보살경계심심불가사

議無有量已過量擧要言之
의무유량이과량거요언지

普賢菩薩以金剛慧普入法
보현보살이금강혜보입법

界於一切世界無所行無所
계어일체세계무소행무소

住知一切衆生身皆卽非身
주지일체중생신개즉비신

無去無來得無斷盡無差別
무거무래득무단진무차별

自在神通無依無作無有動
자재신통무의무작무유동

轉至於法界究竟邊際
전지어법계구경변제

善男子若有得見普賢菩
선남자약유득견보현보

薩若得承事若得聞名若有
살약득승사약득문명약유

思惟若有憶念若生信解若
사유약유억념약생신해약

勤觀察若始趣向若正求覓
근관찰약시취향약정구멱

若興誓願相續不絶皆獲利
약흥서원상속부절개획리

益無空過者
익무공과자

사경의 공덕은 십만억 부처님께 공양한 것과 같은 공덕이 있습니다.

爾時普眼及一切菩薩衆
이시보안급일체보살중

於普賢菩薩心生渴仰願得
어보현보살심생갈앙원득

瞻覲作如是言南無一切諸
첨근작여시언나무일체제

佛南無普賢菩薩如是三稱
불나무보현보살여시삼칭

頭頂禮敬
두정례경

爾時佛告普眼菩薩及諸
이시불고보안보살급제

衆會言諸佛子汝等宜更禮
중회언제불자여등의갱례

敬普賢慇懃求請又應專至 경보현은근구청우응전지
觀察十方想普賢身現在其 관찰시방상보현신현재기
前如是思惟周徧法界深心 전여시사유주변법계심심
信解厭離一切誓與普賢同 신해염리일체서여보현동
一行願入於不二眞實之法 일행원입어불이진실지법
其身普現一切世間悉知衆 기신보현일체세간실지중
生諸根差別徧一切處集普 생제근차별변일체처집보

賢道若能發起如是大願則 (현도약능발기여시대원즉)

當得見普賢菩薩是時普眼 (당득견보현보살시시보안)

聞佛此語與諸菩薩俱時頂 (문불차어여제보살구시정)

禮求請得見普賢大士 (례구청득견보현대사)

爾時普賢菩薩卽以解脫 (이시보현보살즉이해탈)

神通之力如其所應爲現色 (신통지력여기소응위현색)

身令彼一切諸菩薩衆皆見 (신령피일체제보살중개견)

普賢親近如來於此一切菩 (보현친근여래어차일체보)
薩衆中坐蓮華座亦見於餘 (살중중좌련화좌역견어여)
一切世界一切佛所從彼次 (일체세계일체불소종피차)
第相續而來亦見在彼一切 (제상속이래역견재피일체)
佛所演說一切諸菩薩行開 (불소연설일체제보살행개)
示一切智智之道闡明一切 (시일체지지지도천명일체)
菩薩神通分別一切菩薩威 (보살신통분별일체보살위)

사경의 공덕은 십만억 부처님께 공양한 것과 같은 공덕이 있습니다.

德示現一切三世諸佛是時
덕 시 현 일 체 삼 세 제 불 시 시

普眼菩薩及一切菩薩衆見
보 안 보 살 급 일 체 보 살 중 견

此神變其心踊躍生大歡喜
차 신 변 기 심 용 약 생 대 환 희

莫不頂禮普賢菩薩心生尊
막 불 정 례 보 현 보 살 심 생 존

重如見十方一切諸佛
중 여 견 시 방 일 체 제 불

是時以佛大威神力及諸
시 시 이 불 대 위 신 력 급 제

菩薩信解之力普賢菩薩本
보 살 신 해 지 력 보 현 보 살 본

願(원)力(력)故(고)自(자)然(연)而(이)雨(우)十(십)千(천)種(종)雲(운)
所(소)謂(위)種(종)種(종)華(화)雲(운)種(종)種(종)鬘(만)雲(운)種(종)
種(종)香(향)雲(운)種(종)種(종)末(말)香(향)雲(운)種(종)種(종)蓋(개)
雲(운)種(종)種(종)衣(의)雲(운)種(종)種(종)嚴(엄)具(구)雲(운)種(종)
種(종)珍(진)寶(보)雲(운)種(종)種(종)燒(소)香(향)雲(운)種(종)種(종)
繒(증)綵(채)雲(운)不(불)可(가)說(설)世(세)界(계)六(육)種(종)震(진)
動(동)奏(주)天(천)音(음)樂(악)其(기)聲(성)遠(원)聞(문)不(불)可(가)

說世界放大光明其光普照
설세계방대광명기광보조

不可說世界令三惡趣悉得
불가설세계령삼악취실득

除滅嚴淨不可說世界令不
제멸엄정불가설세계령불

可說菩薩入普賢行不可說
가설보살입보현행불가설

菩薩成普賢行不可說菩薩
보살성보현행불가설보살

於普賢行願悉得圓滿成阿
어보현행원실득원만성아

耨多羅三藐三菩提
녹다라삼먁삼보리

爾時普眼菩薩白佛言世
이시보안보살백불언세

尊普賢菩薩是住大威德者
존보현보살시주대위덕자

住無等者住無過者住不退
주무등자주무과자주불퇴

者住平等者住不壞者住一
자주평등자주불괴자주일

切差別法者住一切無差別
체차별법자주일체무차별

法者住一切衆生善巧心所
법자주일체중생선교심소

住者住一切法自在解脫三
주자주일체법자재해탈삼

昧者
매자

佛言如是如是普眼如汝
불언여시여시보안여여

所說普賢菩薩有阿僧祇淸
소설보현보살유아승기청

淨功德所謂無等莊嚴功德
정공덕소위무등장엄공덕

無量寶功德不思議海功德
무량보공덕불사의해공덕

無量相功德無邊雲功德無
무량상공덕무변운공덕무

邊際不可稱讚功德無盡法
변제불가칭찬공덕무진법

功(공)德(덕)不(불)可(가)說(설)功(공)德(덕)一(일)切(체)佛(불)功(공)
德(덕)稱(칭)揚(양)讚(찬)歎(탄)不(불)可(가)盡(진)功(공)德(덕)
爾(이)時(시)如(여)來(래)告(고)普(보)賢(현)菩(보)薩(살)言(언)
普(보)賢(현)汝(여)應(응)爲(위)普(보)眼(안)及(급)此(차)會(회)中(중)
諸(제)菩(보)薩(살)衆(중)說(설)十(십)三(삼)大(대)昧(매)令(령)得(득)
善(선)入(입)成(성)滿(만)普(보)賢(현)所(소)有(유)行(행)願(원)
諸(제)菩(보)薩(살)摩(마)訶(하)薩(살)說(설)此(차)十(십)大(대)

사경의 공덕은 십만억 부처님께 공양한 것과 같은 공덕이 있습니다.

三昧故令過去菩薩已得出
삼매고령과거보살이득출

離現在菩薩令得出離未來
리현재보살령득출리미래

菩薩當得出離何者爲十一
보살당득출리하자위십일

者普光大三昧第二妙光大
자보광대삼매제이묘광대

三昧三者次第偏往諸佛國
삼매삼자차제변왕제불국

土大三昧四者淸淨深心行
토대삼매사자청정심심행

大三昧五知過去莊嚴藏
대삼매오지과거장엄장

大三昧六者智光明藏大三 (대삼매육자지광명장대삼)
昧七者了知一切世界佛莊 (매칠자료지일체세계불장)
嚴大三昧八者眾生差別身 (엄대삼매팔자중생차별신)
大三昧九者法界自在大三 (대삼매구자법계자재대삼)
昧十者無礙輪大三昧 (매십자무애륜대삼매)
此十大三昧諸大菩薩乃 (차십대삼매제대보살내)
能善入去來現在一切諸佛 (능선입거래현재일체제불)

已說當說現說若諸菩薩愛
이설당설현설약제보살애

樂尊重修習不懈則得成就
락존중수습불해즉득성취

如是之人則名爲佛則名如
여시지인즉명위불즉명여

來亦則名爲得十力人亦名
래역즉명위득십력인역명

導師亦名大導師亦名一切
도사역명대도사역명일체

智亦名一切見亦名住無礙
지역명일체견역명주무애

亦名達諸境亦名一切法自
역명달제경역명일체법자

사경의 공덕은 십만억 부처님께 공양한 것과 같은 공덕이 있습니다.

在 (재)

此菩薩普入一切世界而 (차보살보입일체세계이)

於世界無所著普入一切衆 (어세계무소착보입일체중)

生界而於衆生無所取普入 (생계이어중생무소취보입)

一切身而於身無所礙普入 (일체신이어신무소애보입)

一切法界而知法界無有邊 (일체법계이지법계무유변)

親近三世一切佛明見一切 (친근삼세일체불명견일체)

諸佛法巧說一切文字了達
(제불법교설일체문자료달)

一切假名成就一切菩薩清
(일체가명성취일체보살청)

淨道安住一切菩薩差別行
(정도안주일체보살차별행)

於一念中普得一切三世智
(어일념중보득일체삼세지)

普知一切三世法普說一切
(보지일체삼세법보설일체)

諸佛教普轉一切不退輪於
(제불교보전일체불퇴륜어)

去來現在一一世普證一切
(거래현재일일세보증일체)

사경의 공덕은 십만억 부처님께 공양한 것과 같은 공덕이 있습니다.

切 체	門 문	勝 승	菩 보		了 료	菩 보
總 총	是 시	幢 당	薩 살	此 차	一 일	提 리
持 지	猛 맹	門 문	智 지	是 시	切 체	道 도
辯 변	利 리	是 시	覺 각	諸 제	佛 불	於 어
才 재	神 신	普 보	門 문	菩 보	所 소	此 차
門 문	通 통	賢 현	是 시	薩 살	說 설	一 일
是 시	誓 서	菩 보	一 일	法 법		一 일
三 삼	願 원	薩 살	切 체	相 상		菩 보
世 세	門 문	諸 제	種 종	門 문		提 리
諸 제	是 시	行 행	智 지	是 시		中 중
法 법	一 일	願 원	無 무	諸 제		普 보

사경의 공덕은 십만억 부처님께 공양한 것과 같은 공덕이 있습니다.

差別門是一切諸佛示現門
是以薩婆若安立一切衆生
門是以佛神力嚴淨一切世
界門
若菩薩入此三昧得法界
力無有窮盡得虛空行無有
障礙得法王位無量自在譬

如世間灌頂受職得無邊智
여세간관정수직득무변지

一切通達得廣大力十種圓
일체통달득광대력십종원

滿成無諍心入寂滅際大悲
만성무쟁심입적멸제대비

無畏猶如師子爲智慧丈夫
무외유여사자위지혜장부

然正法明燈一切功德歎不
연정법명등일체공덕탄불

可盡聲聞獨覺莫能思議得
가진성문독각막능사의득

法界智住無動際而能隨俗
법계지주무동제이능수속

種種開演住於無相善入法
相
得自性清淨藏生如來清
淨家善開種種差別法門而
以智慧了無所有善知於時
常行法施開悟一切名爲智
者普攝衆生悉令清淨以方

便[편]智[지]示[시]成[성]佛[불]道[도]而[이]常[상]修[수]行[행]菩[보]
薩[살]之[지]行[행]無[무]有[유]斷[단]盡[진]入[입]一[일]切[체]智[지]
方[방]便[편]境[경]界[계]示[시]現[현]種[종]種[종]廣[광]大[대]神[신]
通[통]是[시]故[고]普[보]賢[현]汝[여]今[금]應[응]當[당]分[분]別[별]
廣[광]說[설]一[일]切[체]菩[보]薩[살]十[십]大[대]三[삼]昧[매]今[금]
此[차]衆[중]會[회]咸[함]皆[개]願[원]聞[문]
爾[이]時[시]普[보]賢[현]菩[보]薩[살]承[승]如[여]來[래]旨[지]

觀普眼等諸菩薩衆而告之 (관보안등제보살중이고지)

言佛子云何爲菩薩摩訶薩 (언불자운하위보살마하살)

普光明三昧 (보광명삼매)

佛子此菩薩摩訶薩有十 (불자차보살마하살유십)

種無盡法何者爲十所謂諸 (종무진법하자위십소위제)

佛出現智無盡衆生變化智 (불출현지무진중생변화지)

無盡世界如影智無盡深入 (무진세계여영지무진심입)

法界智無盡善攝菩薩智無
법계지무진선섭보살지무

盡菩薩不退智無盡善觀一
진보살불퇴지무진선관일

切法義智無盡善持心力智
체법의지무진선지심력지

無盡住廣大菩提心智無盡
무진주광대보리심지무진

住一切佛法一切智願力智
주일체불법일체지원력지

無盡佛子是名菩薩摩訶薩
무진불자시명보살마하살

十種無盡法
십종무진법

사경의 공덕은 십만억 부처님께 공양한 것과 같은 공덕이 있습니다.

佛子(불자) 此(차) 菩薩摩訶薩(보살마하살) 發(발) 十(십)
種(종) 無邊心(무변심) 何等(하등) 爲(위) 十(십) 所謂(소위) 發(발)
度脫(도탈) 一切(일체) 衆生(중생) 無邊心(무변심) 發(발) 承(승)
事(사) 一切(일체) 諸佛(제불) 無邊心(무변심) 發(발) 供養(공양)
一切(일체) 諸佛(제불) 無邊心(무변심) 發(발) 普見(보견) 一(일)
切(체) 諸佛(제불) 無邊心(무변심) 發(발) 受持(수지) 一切(일체)
佛法(불법) 不忘失(불망실) 無邊心(무변심) 發(발) 示現(시현)

一切佛無量神變無邊心發
일체불무량신변무변심발

爲得佛力故不捨一切菩提
위득불력고불사일체보리

行無邊心發普入一切智微
행무변심발보입일체지미

細境界說一切佛法無邊心
세경계설일체불법무변심

發普入佛不思議廣大境界
발보입불불사의광대경계

無邊心發於佛辯才起深志
무변심발어불변재기심지

樂領受諸佛法無邊心發示
락영수제불법무변심발시

現(현) 種(종) 種(종) 自(자) 在(재) 身(신) 入(입) 一(일) 切(체) 如(여) 來(래)

道(도) 場(량) 衆(중) 會(회) 無(무) 邊(변) 心(심) 是(시) 爲(위) 十(십)

佛(불) 子(자) 此(차) 菩(보) 薩(살) 摩(마) 訶(하) 薩(살) 有(유) 十(십)

種(종) 入(입) 三(삼) 昧(매) 差(차) 別(별) 智(지) 何(하) 者(자) 爲(위) 十(십)

所(소) 謂(위) 東(동) 方(방) 入(입) 定(정) 西(서) 方(방) 起(기) 西(서) 方(방)

入(입) 定(정) 東(동) 方(방) 起(기) 南(남) 方(방) 入(입) 定(정) 北(북) 方(방)

起(기) 北(북) 方(방) 入(입) 定(정) 南(남) 方(방) 起(기) 東(동) 北(북) 方(방)

사경의 공덕은 십만억 부처님께 공양한 것과 같은 공덕이 있습니다.

入(입)定(정)西(서)南(남)方(방)起(기)西(서)南(남)方(방)入(입)定(정)

東(동)北(북)方(방)起(기)西(서)北(북)方(방)入(입)定(정)東(동)南(남)

方(방)起(기)東(동)南(남)方(방)入(입)定(정)西(서)北(북)方(방)起(기)

下(하)方(방)入(입)定(정)上(상)方(방)起(기)上(상)方(방)入(입)定(정)

下(하)方(방)起(기)是(시)爲(위)十(십)

佛(불)子(자)此(차)菩(보)薩(살)摩(마)訶(하)薩(살)有(유)十(십)

種(종)入(입)大(대)三(삼)昧(매)善(선)巧(교)智(지)何(하)者(자)爲(위)

十(십) 佛(불) 子(자) 菩(보) 薩(살) 摩(마) 訶(하) 薩(살) 以(이) 三(삼) 千(천)

大(대) 千(천) 世(세) 界(계) 爲(위) 一(일) 蓮(연) 華(화) 現(현) 身(신) 徧(변)

此(차) 蓮(연) 華(화) 之(지) 上(상) 結(결) 跏(가) 趺(부) 坐(좌) 身(신) 中(중)

復(부) 現(현) 三(삼) 千(천) 大(대) 千(천) 世(세) 界(계) 其(기) 中(중) 有(유)

百(백) 億(억) 四(사) 天(천) 下(하) 一(일) 一(일) 四(사) 天(천) 下(하) 現(현)

百(백) 億(억) 身(신) 一(일) 一(일) 身(신) 入(입) 百(백) 億(억) 百(백) 億(억)

三(삼) 千(천) 大(대) 千(천) 世(세) 界(계) 於(어) 彼(피) 世(세) 界(계) 一(일)

一(일)四(사)天(천)下(하)現(현)百(백)億(억)百(백)億(억)菩(보)薩(살)

修(수)行(행)一(일)一(일)菩(보)薩(살)修(수)行(행)生(생)百(백)億(억)

百(백)億(억)決(결)定(정)解(해)一(일)一(일)決(결)定(정)解(해)令(령)

百(백)億(억)百(백)億(억)根(근)性(성)圓(원)滿(만)一(일)一(일)根(근)

性(성)成(성)百(백)億(억)百(백)億(억)菩(보)薩(살)法(법)不(불)退(퇴)

業(업)然(연)所(소)現(현)身(신)非(비)一(일)非(비)多(다)入(입)定(정)

出(출)定(정)無(무)所(소)錯(착)亂(란)

本 본	十 십	子 자	半 반	萬 만	身 신	
身 신	六 륙	彼 피	身 신	八 팔	長 장	佛 불
之 지	萬 만	阿 아	與 여	千 천	七 칠	子 자
相 상	八 팔	修 수	須 수	由 유	百 백	如 여
諸 제	千 천	羅 라	彌 미	旬 순	由 유	羅 라
蘊 온	由 유	王 왕	山 산	於 어	旬 순	睺 후
界 계	旬 순	雖 수	而 이	大 대	化 화	阿 아
處 처	然 연	化 화	正 정	海 해	形 형	修 수
悉 실	亦 역	其 기	齊 제	中 중	長 장	羅 라
皆 개	不 불	身 신	等 등	出 출	十 십	王 왕
如 여	壞 괴	長 장	佛 불	其 기	六 륙	本 본

本(본)心(심)不(불)錯(착)亂(란)不(불)於(어)變(변)化(화)身(신)而(이)
作(작)他(타)想(상)於(어)其(기)本(본)身(신)生(생)非(비)己(기)想(상)
本(본)受(수)生(생)身(신)恒(항)受(수)諸(제)樂(락)化(화)身(신)常(상)
現(현)種(종)種(종)自(자)在(재)神(신)通(통)威(위)力(력)
佛(불)子(자)阿(아)修(수)羅(라)王(왕)有(유)貪(탐)恚(에)癡(치)
具(구)足(족)憍(교)慢(만)尚(상)能(능)如(여)是(시)變(변)現(현)其(기)
身(신)何(하)況(황)菩(보)薩(살)摩(마)訶(하)薩(살)能(능)深(심)了(료)

達心法如幻一切世間皆悉
달심법여환일체세간개실

如夢一切諸佛出興於世皆
여몽일체제불출흥어세개

如影像一切世界猶如變化
여영상일체세계유여변화

言語音聲悉皆如響見如實
언어음성실개여향견여실

法以如實法而爲其身知一
법이여실법이위기신지일

切法本性清淨了知身心無
체법본성청정료지신심무

有實體其身普住無量境界
유실체기신보주무량경계

사경의 공덕은 십만억 부처님께 공양한 것과 같은 공덕이 있습니다.

以(이) 佛(불) 智(지) 慧(혜) 廣(광) 大(대) 光(광) 明(명) 淨(정) 修(수) 一(일)

切(체) 菩(보) 提(리) 之(지) 行(행)

佛(불) 子(자) 菩(보) 薩(살) 摩(마) 訶(하) 薩(살) 住(주) 此(차) 三(삼)

昧(매) 超(초) 過(과) 世(세) 間(간) 遠(원) 離(리) 世(세) 間(간) 無(무) 能(능)

惑(혹) 亂(란) 無(무) 能(능) 映(영) 奪(탈) 佛(불) 子(자) 譬(비) 如(여) 比(비)

丘(구) 觀(관) 察(찰) 內(내) 身(신) 住(주) 不(부) 淨(정) 觀(관) 審(심) 見(견)

其(기) 身(신) 皆(개) 是(시) 不(부) 淨(정) 菩(보) 薩(살) 摩(마) 訶(하) 薩(살)

亦復如是住此三昧觀察法
역부여시주차삼매관찰법

身見諸世間普入其身於中
신견제세간보입기신어중

明見一切世間及世間法於
명견일체세간급세간법어

諸世間及世間法皆無所著
제세간급세간법개무소착

佛子是名菩薩摩訶薩第一
불자시명보살마하살제일

普光明大三昧善巧智
보광명대삼매선교지

佛子云何爲菩薩摩訶薩
불자운하위보살마하살

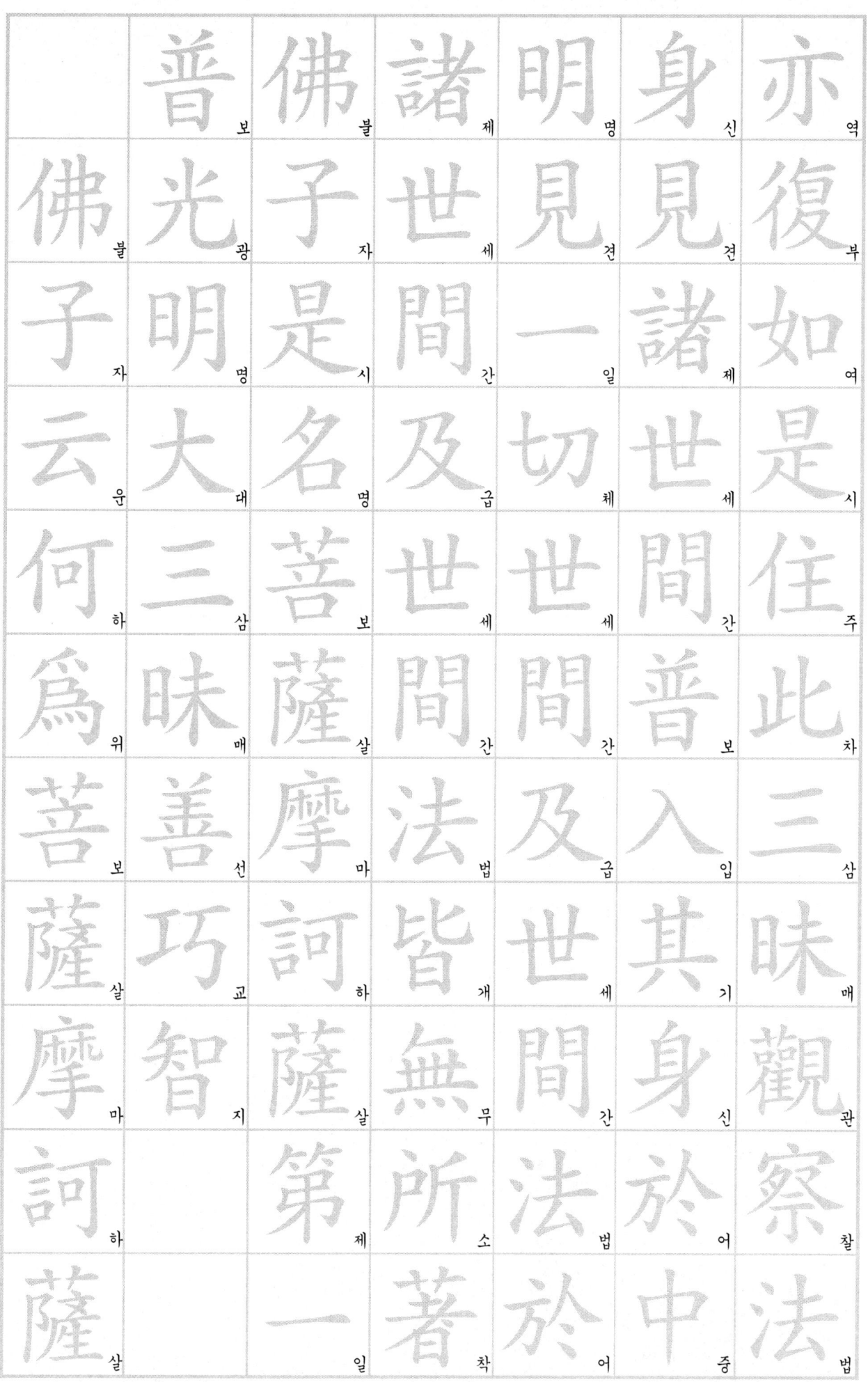

大 대	界 계	數 수	世 세	塵 진	訶 하	妙 묘
千 천	微 미	身 신	界 계	數 수	薩 살	光 광
世 세	塵 진	一 일	現 현	三 삼	能 능	明 명
界 계	數 수	一 일	三 삼	千 천	入 입	三 삼
微 미	光 광	身 신	千 천	大 대	三 삼	昧 매
塵 진	一 일	放 방	大 대	千 천	千 천	佛 불
數 수	一 일	三 삼	千 천	世 세	大 대	子 자
色 색	光 광	千 천	世 세	界 계	千 천	此 차
一 일	現 현	大 대	界 계	於 어	世 세	菩 보
一 일	三 삼	千 천	微 미	一 일	界 계	薩 살
色 색	千 천	世 세	塵 진	一 일	微 미	摩 마

光 광	因 인	世 세	界 계	千 천	界 계	照 조
色 색	世 세	界 계	種 종	世 세	一 일	三 삼
世 세	界 계	雜 잡	種 종	界 계	一 일	千 천
界 계	建 건	染 염	不 부	微 미	世 세	大 대
來 래	立 립	世 세	同 동	塵 진	界 계	千 천
往 왕	世 세	界 계	菩 보	數 수	中 중	世 세
如 여	界 계	淸 청	薩 살	衆 중	調 조	界 계
是 시	同 동	淨 정	悉 실	生 생	伏 복	微 미
一 일	住 주	世 세	知 지	是 시	三 삼	塵 진
切 체	世 세	界 계	所 소	諸 제	千 천	數 수
菩 보	界 계	所 소	謂 위	世 세	大 대	世 세

薩살 悉실 知지 菩보 薩살 悉실 入입 是시 諸제 世세 界계

亦역 悉실 來래 入입 菩보 薩살 之지 身신 然연 諸제 世세

界계 無무 有유 雜잡 亂란 種종 種종 諸제 法법 亦역 不불

壞괴 滅멸

佛불 子자 譬비 如여 日일 出출 遶요 須수 彌미 山산

照조 七칠 寶보 山산 其기 七칠 寶보 山산 及급 寶보 山산

間간 皆개 有유 光광 影영 分분 明명 顯현 現현 其기 寶보

사경의 공덕은 십만억 부처님께 공양한 것과 같은 공덕이 있습니다.

山上所有日影莫不顯現山
산상소유일영막불현현산

間影中其七山間所有日影
간영중기칠산간소유일영

亦悉影現山上影中如是展
역실영현산상영중여시전

轉更相影現或說日影出七
전갱상영현혹설일영출칠

寶山或說日影出七山間或
보산혹설일영출칠산간혹

說日影入七寶山或說日影
설일영입칠보산혹설일영

入七山間但此日影更相照
입칠산간단차일영갱상조

사경의 공덕은 십만억 부처님께 공양한 것과 같은 공덕이 있습니다.

現無有邊際體性非有亦復 (현무유변제체성비유역부)
非無不住於山不離於山不 (비무불주어산불리어산불)
住於水亦不離水 (주어수역불리수)
佛子菩薩摩訶薩亦復如 (불자보살마하살역부여)
是住此妙光廣大三昧不壞 (시주차묘광광대삼매불괴)
世界安立之相不滅世間諸 (세계안립지상불멸세간제)
法自性不住世界內不住世 (법자성부주세계내부주세)

界外於諸世界無所分別亦
계외어제세계무소분별역

不壞於世界之相觀一切法
불괴어세계지상관일체법

一相無相亦不壞於諸法自
일상무상역불괴어제법자

性住眞如性恒不捨離
성주진여성항불사리

佛子譬如幻師善知幻術
불자비여환사선지환술

住四衢道作諸幻事於一日
주사구도작제환사어일일

中一須臾頃或現一日或現
중일수유경혹현일일혹현

不 불	年 년	一 일	海 해	皆 개	月 월	一 일
以 이	歲 세	切 체	日 일	能 능	一 일	夜 야
本 본	故 고	靡 미	月 월	示 시	月 월	或 혹
時 시	壞 괴	不 불	雲 운	現 현	一 일	復 부
極 극	其 기	具 구	雨 우	城 성	年 년	現 현
短 단	根 근	足 족	宮 궁	邑 읍	百 백	作 작
促 촉	本 본	不 불	殿 전	聚 취	年 년	七 칠
故 고	一 일	以 이	屋 옥	落 락	隨 수	日 일
壞 괴	日 일	示 시	宅 택	泉 천	其 기	七 칠
其 기	一 일	現 현	如 여	流 류	所 소	夜 야
所 소	時 시	經 경	是 시	河 하	欲 욕	半 반

사경의 공덕은 십만억 부처님께 공양한 것과 같은 공덕이 있습니다.

現日月年歲幻相明現本日
현일월년세환상명현본일

不滅
불멸

菩薩摩訶薩亦復如是入
보살마하살역부여시입

此妙光廣大三昧現阿僧祇
차묘광광대삼매현아승기

世界入一世界其阿僧祇世
세계입일세계기아승기세

界一一皆有地水火風大海
계일일개유지수화풍대해

諸山城邑聚落園林屋宅天
제산성읍취락원림옥택천

이 공덕은 십만억 부처님께 공양한 것과 같은 공덕이 있습니다.

宮(궁) 龍(룡) 宮(궁) 夜(야) 叉(차) 宮(궁) 乾(건) 闥(달) 婆(바) 宮(궁) 阿(아)
修(수) 羅(라) 宮(궁) 迦(가) 樓(루) 羅(라) 宮(궁) 緊(긴) 那(나) 羅(라) 宮(궁)
摩(마) 睺(후) 羅(라) 伽(가) 宮(궁) 種(종) 種(종) 莊(장) 嚴(엄) 皆(개) 悉(실)
具(구) 足(족) 欲(욕) 界(계) 色(색) 界(계) 無(무) 色(색) 界(계) 小(소) 千(천)
世(세) 界(계) 大(대) 千(천) 世(세) 界(계) 業(업) 行(행) 果(과) 報(보) 死(사)
此(차) 生(생) 彼(피) 一(일) 切(체) 世(세) 間(간) 所(소) 有(유) 時(시) 節(절)
須(수) 臾(유) 晝(주) 夜(야) 半(반) 月(월) 一(일) 月(월) 一(일) 歲(세) 百(백)

形 형	方 방	在 재	菩 보	中 중	國 국	歲 세
異 이	處 처	教 교	薩 살	諸 제	土 토	成 성
趣 취	無 무	化 화	衆 중	佛 불	廣 광	劫 겁
種 종	量 량	衆 중	會 회	出 출	大 대	壞 괴
種 종	人 인	生 생	周 주	興 흥	國 국	劫 겁
衆 중	衆 중	其 기	帀 잡	于 우	土 토	雜 잡
生 생	悉 실	諸 제	圍 위	世 세	狹 협	染 염
無 무	皆 개	國 국	遶 요	佛 불	小 소	國 국
量 량	充 충	土 토	神 신	刹 찰	國 국	土 토
無 무	滿 만	所 소	通 통	淸 청	土 토	淸 청
邊 변	殊 수	在 재	自 자	淨 정	於 어	淨 정

世 세	知 지	普 보	薩 살	等 등	力 력	不 불
界 계	不 불	思 사	於 어	事 사	出 출	可 가
不 불	以 이	普 보	此 차	咸 함	生 생	思 사
以 이	彼 피	了 료	普 보	悉 실	無 무	議 의
此 차	世 세	以 이	皆 개	示 시	量 량	去 거
世 세	界 계	無 무	明 명	現 현	上 상	來 래
界 계	多 다	盡 진	見 견	入 입	妙 묘	現 현
一 일	故 고	智 지	普 보	一 일	珍 진	在 재
故 고	壞 괴	皆 개	入 입	世 세	寶 보	清 청
壞 괴	此 차	如 여	普 보	界 계	如 여	淨 정
彼 피	一 일	實 실	觀 관	菩 보	是 시	業 업

多(다) 世(세) 界(계) 何(하) 以(이) 故(고) 菩(보) 薩(살) 知(지) 一(일) 切(체)
法(법) 皆(개) 無(무) 我(아) 故(고) 是(시) 名(명) 入(입) 無(무) 命(명) 法(법)
無(무) 作(작) 法(법) 者(자)
菩(보) 薩(살) 於(어) 一(일) 切(체) 世(세) 間(간) 勤(근) 修(수) 行(행)
無(무) 諍(쟁) 法(법) 故(고) 是(시) 名(명) 住(주) 無(무) 我(아) 法(법) 者(자)
菩(보) 薩(살) 如(여) 實(실) 見(견) 一(일) 切(체) 身(신) 皆(개) 從(종) 緣(연)
起(기) 故(고) 是(시) 名(명) 住(주) 無(무) 衆(중) 生(생) 法(법) 者(자) 菩(보)

薩살 知지 一일 切체 生생 滅멸 法법 皆개 從종 因인 生생

故고 是시 名명 住주 無무 補보 特특 伽가 羅라 法법 者자

菩보 薩살 知지 諸제 法법 本본 性성 平평 等등 故고 是시

名명 住주 無무 意의 生생 無무 摩마 納납 婆바 法법 者자

菩보 薩살 知지 一일 切체 法법 本본 性성 寂적 靜정 故고

是시 名명 住주 寂적 靜정 法법 者자 菩보 薩살 知지 一일

切체 法법 一일 相상 故고 是시 名명 住주 無무 分분 別별

法(법)者(자)菩(보)薩(살)知(지)法(법)界(계)無(무)有(유)種(종)種(종)
差(차)別(별)法(법)故(고)是(시)名(명)住(주)不(불)思(사)議(의)法(법)
者(자)菩(보)薩(살)勤(근)修(수)一(일)切(체)方(방)便(편)善(선)調(조)
伏(복)衆(중)生(생)故(고)是(시)名(명)住(주)大(대)悲(비)法(법)者(자)
佛(불)子(자)菩(보)薩(살)如(여)是(시)能(능)以(이)阿(아)僧(승)
祇(기)世(세)界(계)入(입)一(일)世(세)界(계)知(지)無(무)數(수)衆(중)
生(생)種(종)種(종)差(차)別(별)見(견)無(무)數(수)菩(보)薩(살)各(각)

各發趣觀無數諸佛處處出
각발취관무수제불처처출

興彼諸如來所演說法其諸
흥피제여래소연설법기제

菩薩悉能領受亦見自身於
보살실능령수역견자신어

中修行然不捨此處而見在
중수행연불사차처이견재

彼亦不捨彼處而見在此彼
피역불사피처이견재차피

身此身無有差別入法界故
신차신무유차별입법계고

常勤觀察無有休息不捨智
상근관찰무유휴식불사지

慧(혜) 無(무) 退(퇴) 轉(전) 故(고)

如(여) 有(유) 幻(환) 師(사) 隨(수) 於(어) 一(일) 處(처) 作(작) 諸(제)

幻(환) 術(술) 不(불) 以(이) 幻(환) 地(지) 故(고) 壞(괴) 於(어) 本(본) 地(지)

不(불) 以(이) 幻(환) 日(일) 故(고) 壞(괴) 於(어) 本(본) 日(일) 菩(보) 薩(살)

摩(마) 訶(하) 薩(살) 亦(역) 復(부) 如(여) 是(시) 於(어) 無(무) 國(국) 土(토)

現(현) 有(유) 國(국) 土(토) 於(어) 有(유) 國(국) 土(토) 現(현) 無(무) 國(국)

土(토) 於(어) 有(유) 衆(중) 生(생) 現(현) 無(무) 衆(중) 生(생) 於(어) 無(무)

衆生現有衆生無色現色色
중생현유중생무색현색색

現無色初不亂後後不亂初
현무색초불란후후불란초

菩薩了知一切世法悉亦如
보살료지일체세법실역여

是同於幻化知法幻故知智
시동어환화지법환고지지

幻知智幻故知業幻知智幻
환지지환고지업환지지환

業幻已起於幻智觀一切業
업환이기어환지관일체업

如世幻者不於處外而現
여세환자불어처외이현

其幻亦不於幻外而有其處
기환역불어환외이유기처

菩薩摩訶薩亦復如是不於
보살마하살역부여시불어

虛空外入世間亦不於世間
허공외입세간역불어세간

外入虛空何以故虛空世間
외입허공하이고허공세간

無差別故住於世間亦住虛
무차별고주어세간역주허

空菩薩摩訶薩於虛空中能
공보살마하살어허공중능

見能修一切世間種種差別
견능수일체세간종종차별

世 세	幻 환	菩 보	無 무	諸 제	知 지	妙 묘
幻 환	智 지	薩 살	數 수	劫 겁	無 무	莊 장
數 수	到 도	摩 마	劫 겁	相 상	數 수	嚴 엄
思 사	於 어	訶 하	亦 역	續 속	世 세	業 업
惟 유	彼 피	薩 살	不 불	次 차	界 계	於 어
諸 제	岸 안	得 득	令 령	第 제	若 약	一 일
法 법	住 주	不 불	其 기	能 능	成 성	念 념
悉 실	於 어	思 사	一 일	於 어	若 약	頃 경
皆 개	幻 환	議 의	念 념	一 일	壞 괴	悉 실
如 여	際 제	解 해	廣 광	念 념	亦 역	能 능
幻 환	入 입	脫 탈	大 대	現 현	知 지	了 료

不違幻世盡於幻智了知三
불위환세진어환지료지삼

世與幻無別決定通達心無
세여환무별결정통달심무

邊際如諸如來住如幻智其
변제여제여래주여환지기

心平等菩薩摩訶薩亦復如
심평등보살마하살역부여

是知諸世間皆悉如幻於一
시지제세간개실여환어일

切處皆無所著無有我所如
체처개무소착무유아소여

彼幻師作諸幻事雖不與彼
피환사작제환사수불여피

幻事同住而於幻事亦無迷
환사동주이어환사역무미

惑菩薩摩訶薩亦復如是知
혹보살마하살역부여시지

一切法到於彼岸心不計我
일체법도어피안심불계아

能入於法亦不於法而有錯
능입어법역불어법이유착

亂是爲菩薩摩訶薩第二妙
란시위보살마하살제이묘

光明大三昧善巧智
광명대삼매선교지

發 願 文

귀의 삼보하옵고
거룩하신 부처님께 발원하옵나이다.

주 소 : ____________________

전 화 : ____________ 불 명 : ____________ 성 명 : ____________

불기 25 ________ 년 ________ 월 ________ 일